182229

Colores para comer

Alimentos azules y morados

Isabel Thomas
Traducción de Paul Osborn

Heinemann Library
Chicago, Illinois

© 2005 Heinemann Library
a division of Reed Elsevier Inc.
Chicago, Illinois

Customer Service   888–454–2279
Visit our website at www.heinemannlibrary.com

Printed and bound in China by South China Printing Co. Ltd.

09 08 07 06 05
10 9 8 7 6 5 4 3 2 1

Library of Congress Cataloging-in-Publication Data
Thomas, Isabel, 1980-
   [Blue and purple foods. Spanish]
   Alimentos azules y morados / Isabel Thomas.
      p. cm. -- (Colores para comer)
   Includes index.
   ISBN 1-4034-6339-5 (hardcover) -- ISBN 1-4034-6331-X (paper)
      1. Food--Juvenile literature. 2. Blue--Juvenile literature. 3. Purple--Juvenile literature. I.
   Title. II. Colors we eat. Spanish.

TX355.T4525418 2004
641.3--dc22
                                                                                                    20040543

Acknowledgments
The author and publisher are grateful to the following for permission to reproduce copyright material:
pp. 4, 5, 6, 7, 8, 12, 13, 14, 16, 17, 18, 20, 21, 21 (Tudor Photography) Heinemann Library; p. 9 Food Features; p. 15 Kare
Thomas/Anthony Blake Photo Library, p. 17 John Carey/Anthony Blake Photo Library, p. 16 Nigel Cattlin/Holt Studios; p.
Eaglemoss Consumer Publications/Anthony Blake Photo Library.

Cover photograph: Tudor Photography/Heinemann Library.

Every effort has been made to contact copyright holders of any material reproduced in this book. Any omissions will be
rectified in subsequent printings if notice is given to the publisher.

Special thanks to our advisory panel for their help in the preparation of this book:

Leah Radinsky,   Ursula Sexton,
Bilingual Teacher   Researcher, WestEd
Inter-American Magnet School   San Ramon, CA
Chicago, IL

Unas palabras están en negrita, **así.**
Las encontrarás en el glosario en fotos de la página 23.

Contenido

¿Has comido alimentos azules o morados?

Estamos rodeados de colores.

Seguramente has comido alimentos de estos colores.

Hay frutas y verduras azules o moradas.

También hay otros alimentos azules o morados.

¿Cuáles son algunos alimentos azules o morados?

Los arándanos son pequeños y morados.

Puedes usarlos para hacer panecillos.

semilla

Las ciruelas crecen en árboles.

Tienen **semillas** o pepas duras
por dentro.

¿Cuáles son algunos alimentos morados?

Algunos tipos de brócoli tienen flores moradas.

El brócoli es una verdura.

Algunas zanahorias son moradas.

Son anaranjadas por dentro.

¿Cuáles son algunos alimentos azules?

Las partes azules en este queso tienen un tipo de **moho** que puedes comer.

Las berenjenas son verduras con cáscaras lisas y brillantes.

Son blancas y blandas por dentro.

¿Cuáles son algunas frutas moradas?

Los higos son frutas con cáscaras delgadas y moradas.

Son blandos y rosados por dentro.

semillas

cá scara

Algunas maracuyás tienen cáscaras moradas.

Cuando la cáscara se arruga es porque están **maduras** por dentro.

¿Cuáles son algunas verduras azules?

El colirrábano es una verdura azul.

Podemos comer su tallo y sus hojas.

Algunas papas son azules.

Su **sabor** es igual al de las papas más comunes.

¿Cuáles son algunas verduras moradas?

La col es una verdura.

Algunos tipos de col son moradas.

La albahaca morada es una **hierba**.

Se usan las hierbas para dar **sabor** a las comidas.

¿Cuáles son algunas bebidas azules y moradas?

El jugo de uva es morado.

Las uvas negras se usan para hacer jugo de uva.

El licuado de arándano es azul.

Se usan arándanos y leche para hacer este licuado.

Receta: queso crema con arándanos

Pídele a un adulto que te ayude.

Primero, aplasta los arándanos con un poco de queso crema hasta que esté morado.

Luego unta el queso crema con arándano sobre tu pan.

¡A comer!

Prueba

¿Sabes cómo se llaman estos alimentos?

Busca las respuestas en la página 24.

Glosario en fotos

sabor

páginas 13, 17

el gusto que tiene un alimento

hierba

página 17

planta que se usa para cocinar

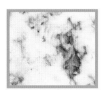

moho

página 10

tipo de hongo

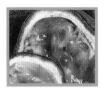

madura

página 13

blanda y lista para comer

semilla

páginas 7, 13

parte de una planta de la cual otra planta crece

Nota a padres y maestros

Leer para buscar información es un aspecto importante del desarrollo de la lectoescritura. El aprendizaje empieza con una pregunta. Si usted alienta a los niños a hacerse preguntas sobre el mundo que los rodea, los ayudará a verse como investigadores. Cada capítulo de este libro empieza con una pregunta. Lean la pregunta juntos, miren las fotos y traten de contestar la pregunta. Después, lean y comprueben si sus predicciones son correctas. Piensen en otras preguntas sobre el tema y comenten dónde pueden buscar la respuesta. Ayude a los niños a usar el glosario en fotos y el índice para practicar nuevas destrezas de vocabulario y de investigación.

Índice

Respuestas a la prueba

berenjena

brócoli

jugo de uva

queso

uvas

arándanos

ciruelas

higos